從心開始

達賴喇嘛與大貓熊的
尋覓答案之旅

達賴喇嘛尊者　|文|
His Holiness the Dalai Lama

麥當諾　|圖|
Patrick McDonnell

蔡孟璇——譯

Heart to Heart

一旦慈悲心培養起來，
內在的那扇門自然會被打開，
讓我們可以輕鬆自在地
與人類同胞，
甚至其他有情眾生，
彼此交流，
心相呼應。

──達賴喇嘛尊者

人類的資源消耗、人口成長與科技發展，

已經演變到了一個地步，

連地球母親都無法

再默默忍受我們存在了。

澳洲，戴恩樹雨林
(*DAINTREE RAINFOREST*)

美國，塞拉國家森林
（*SIERRA NATIONAL FOREST*）

巴西，亞馬遜雨林
(*AMAZON RAINFOREST*)

青藏高原，竹林
(*TIBETAN PLATEAU*)

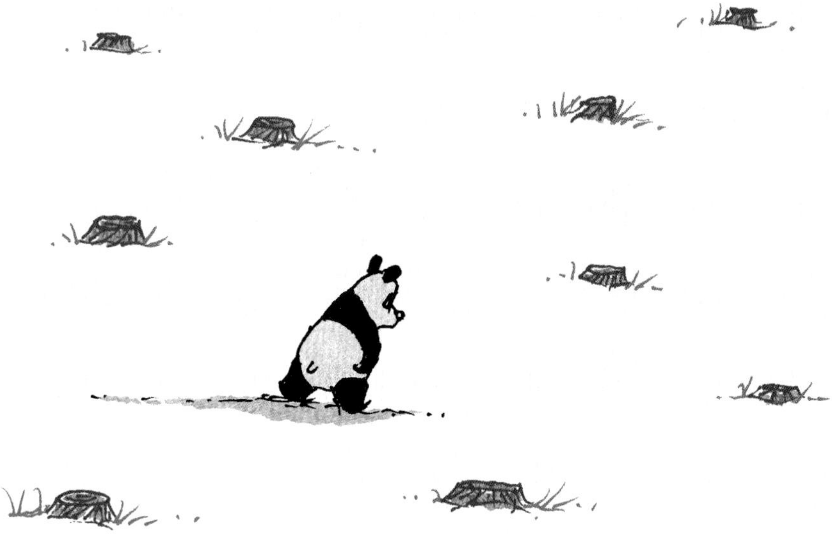

印度，達蘭薩拉
（*DHARAMSALA*）

16

17

無論現在或未來，
我願時時刻刻成為
無依之人的靠山；
迷途之人的嚮導；
渡海人的船舶；
過河人的橋樑；
遇險者的避風港；
失去光明者的一盞燈；
流離失所者的歸依處；
需要幫助者的僕役。

「叩！叩！」

我歡迎每一個人（或熊）做我的朋友。

事實上，我們有著相同的基本目標：

我們都在尋找快樂，
不想遭受痛苦。

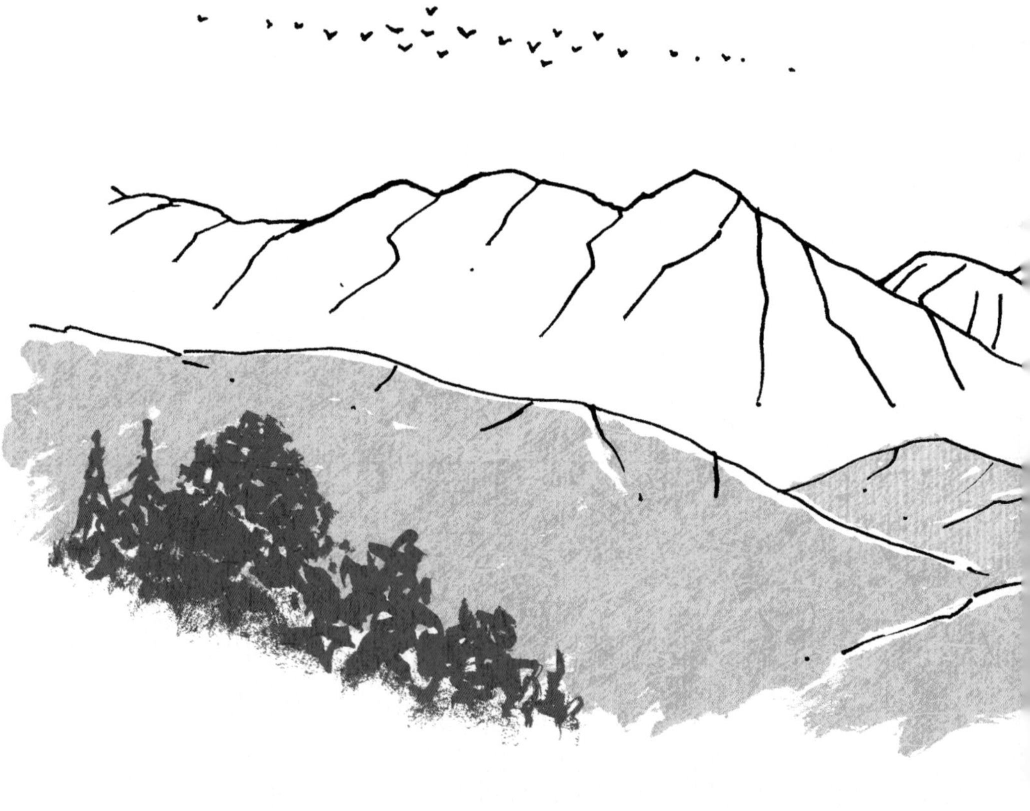

綠色森林是大自然最珍貴的禮物。

森林有益我們的心靈。

當你花些時間徜徉在森林中，
聆聽鳥兒歌唱，
內心會產生美好感受。

我們與植物和大自然的關係

密不可分，源遠流長，

關係非常深厚。

佛陀出生時，
他的母親倚靠著一棵樹，
獲得支撐力量，生下了他。

悟道時，他坐在一棵樹下。

過世時，
亦有樹木在他頭頂上親眼見證。

他們說，在天界，
樹木會散發出
佛陀的祝福。

當我看見野花，聞到花香，
甚至只要想到花兒，都特別高興。
我記得自己還是個四歲小男孩的時候，
第一次來到拉薩，
我覺得像做夢一般……
宛如置身一座大公園，
到處都是美麗的花兒，
微風輕拂，吹過花叢，

孔雀在我眼前優雅地跳舞。

空氣中
瀰漫著令人難以忘懷的花香，
還有自由與幸福的氣息。

我們都能感受到，被生命力包圍的需要。

我們需要會成長、茁壯、生氣蓬勃的生命
圍繞在我們四周。

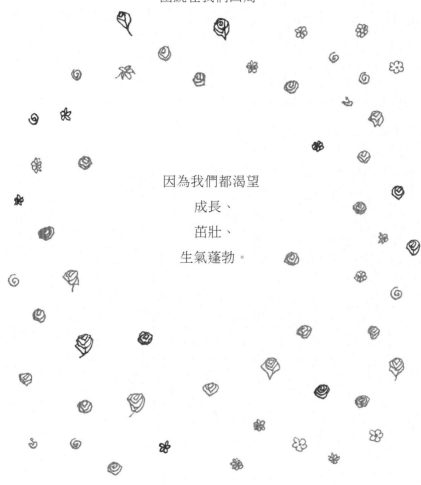

因為我們都渴望

成長、

茁壯、

生氣蓬勃。

我的出生地塔采¹，

也是我在兩歲時被認證為達賴喇嘛的地方，

我曾經從那裡出發，

歷經三個月的時間穿越整個西藏，

而我對那段旅程最深刻的記憶，

就是沿途遇到的野生動物。

一望無際的大群野驢 (kyang)

和野犛牛 (drong)，

在廣闊的草原上自由漫步。

偶爾，我們還會見到
成群湧動、閃閃發光，
害羞的藏原羚 (gowa)，

以及白唇鹿 (nawa)，

或是雄偉的羚羊 (tso)。

我還記得自己
當時迷上了一種小不點兒，
叫做小鼠兔 (chibi)，
牠們總是聚集在有草的地方，
友善得不得了。

我愛看鳥，
看翱翔在寺院上空、
棲息在山區的威武胡兀鷲 (goe)，

還有一群群的雁 (nangbar)。

偶爾，還會在夜晚聽到
長耳鴞 (wookpa) 的呼喚。

47

在拉薩，我的房間位於布達拉宮的最高處，
這兒是歷代達賴喇嘛的冬宮，
紅嘴山鴉 (khyungkar) 會在牆縫築窩，
年少的我，花了好多時間觀察牠們的行為。

在夏宮羅布林卡 (Norbulingka)，
我常在後面的沼澤地看到一對對黑頸鶴 (trung trung)。

對我而言，牠們堪稱鳥類之中
最高貴優雅的典範。

除了這些，更不能不提到
西藏野生動物中最壯觀的那些明星：

熊 (dhom)

藏狐 (waom)

狼 (chankku)

漂亮的雪豹 (sazik)

還有令游牧農民聞風喪膽的大山貓，

猞猁 (thesik)。

或是藏語裡的「咚姆特拉」(dhomtra)，

就是——

擁有無辜臉孔的大貓熊。

遺憾的是，
這般豐富多元的野生動物
很難再看到了。

「嗷嗚！」

我們永遠不該忘記
人類帶給其他眾生的
痛苦。

也許有一天，我們會跪求
　　動物家族的原諒。

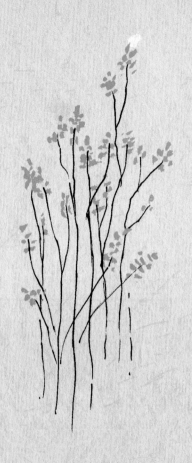

在地球形形色色的物種當中，
人類是最會製造麻煩的生物。

這點毋庸置疑。

人類的活動
缺乏對人道主義價值的認同與承擔，
威脅了當前地球萬物的生存與和諧。

無知、貪婪，以及對地球上的眾生缺乏尊重，
摧毀了大自然和天然資源。

人類是唯一一個有能力
摧毀我們眼前這個地球的物種。

然而，如果我們有本事摧毀地球，
一定也有能力保護它。

隨著人類的進步與發展，
世界似乎變得越來越小了，
但人類的意識仍遠遠落後。

若我們想要有一個更美好的未來，
從這一刻起，就得檢視我們的心態。

我們必須重新認識本心，

然後痛下決心，

那麼，人類的心靈很可能就此蛻變。

慈悲、慈愛之心與無私的利他精神，
不僅僅是人類進步的因素，也是地球存續的關鍵。

唯有心的改變，
才能讓世界產生真正的改變。

我提議來一場「慈悲革命」。

呼籲大家將心重新定位，
擺脫習慣性的過度自我關注，

讓我們將心思
轉向與我們相依相連的生命大家庭吧，
我們的一言一行，除了有益自己，
更必須顧及其他生命的利益。

我贊同寂天菩薩所說的：

「所有世間的快樂，

　都源於希望他人快樂；

　所有世間的苦惱，

　都源於希求自己快樂。」[2]

我看過最震撼的景象之一，
是第一張從太空中拍攝的地球照片。

那是一顆漂浮在宇宙深處的
藍色星球。

它好似晴朗夜空裡綻放光輝的滿月，
讓我深刻地感受到，
我們真的就像一家人，
共享一間小房子。

這顆美麗的藍色星球，就是我們唯一的家。
在這兒發生的任何事，都會影響到我們。
我們必須學習與彼此、
與大自然和諧共處。

這不能只是流於空想，而是非得如此不可。
如果我們不好好照顧這個家，
連這個基本責任都做不到，
我們還能為地球做什麼？

萬事萬物都是相互依存的，
萬事萬物都是密不可分的。

個人的幸福，
既與他人的幸福息息相關，
也與我們的生活環境緊緊相繫。

我們的每一個行動、每一個行為、
每一句話、每一個想法，
無論看似多麼微不足道，
或多或少都會影響我們自己和他人。

我們在這宇宙中，相依相繫，
也因此，我們對彼此都有一份責任。

居住在這地球上的生物，
——不管是人類，還是動物，
都在用自己獨特的方式，
為了世界的美麗與繁榮
做出貢獻。

我相信每一個人都有責任，
去打造一個更快樂的世界。
可是最終，
我們必須更關心其他生命的幸福才行。

換句話說，我們現在最缺乏的
就是「善意」，或說是「慈悲心」。

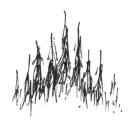

我們必須更加留意自己內心的價值觀。

體認到人類本是一家。

如果你想要改變這個世界，

首先，

試試從內在提升自己、改變自己。

要創造一個更祥和的世界，

需要的是

平靜的頭腦與安定的心靈。

一顆善良的心，
是所有幸福和喜悅的泉源，
如果我們願意多下點功夫，
人人都能擁有一副溫暖心腸。

但最好是可以擁有「菩提心」，
　　那是一顆飽含智慧的善心。

我們需要培養強大的慈悲心，
才能堅定不移地
為其他眾生帶來幸福。

也才會樂意承擔起責任，
讓這一切的美好實現。

在藏語中，我們稱這種慈悲心為
「Nying je chenpo」

字面的意思是
「大悲心」

透過培養對其他眾生負責的態度，
我們就能慢慢地創造出一個
我們夢想中
更和善、更有慈悲心的世界。

最重要的東西
就存在於此時此地，我們當下的心念之中，
以及我們在日常生活中，如何運用自己的心念。

淘汰那些來自負面心念，
讓你感到不安與不自在的想法。

想想這些想法對人類或地球的健康
是否有益。

如果你想讓別人快樂，
就練習慈悲心吧！

如果你想讓自己快樂，
也練習慈悲心吧！

這就是我最簡單的信仰。

不需要去寺廟，

不需要複雜的哲理。

我的哲學就是……

「盡可能善待他人」，
這總是有可能做到的。

慈悲心是當今這個時代的激進主義。

視一切眾生親如母親。

對某些人來說，

主張這種無條件之愛的理想是不切實際的。

不過我仍鼓勵大家試試看。

他們會發現，
當我們跨越那條狹隘私利的界限，
心靈會充滿力量。

寧靜與喜悅將恆常與我們為伴。

它會打破各式各樣的障礙與隔閡，

最終摧毀

106

我的利益與他人利益毫不相干的這種想法。

有愛、有情、有仁慈之心、
　有慈悲的所在，

自然而然就會有
良好的德行。

我們一切的所做所為都有其影響力，
即便只是一個小小的行為。

雖然看起來無關緊要，
但若數十億人都做出同樣的行為，
就能造成巨大的影響。

每一個人終究還是有責任，
去帶領我們的地球大家庭
朝著正確的方向前進。

光是擁有美好的祝願是遠遠不夠的，
我們必須

承擔責任。

才有希望創造一個更美好的未來。

這完全由我們的行為來決定（即因果業力）。

一年當中，只有兩天什麼事都不能做。

一個叫做**昨天**，
一個叫做**明天**。

今天就是最好的日子，
適合去愛、去相信、去行動，
最重要的是，
積極生活去幫助他人。

我為所有人祈禱，
願我們一起透過愛與了解，
打造出一個慈悲的世界，
如此我們就能減輕眾生的痛苦煎熬。

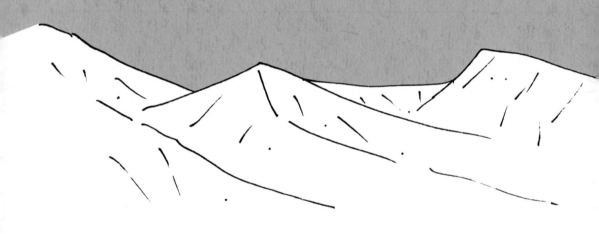

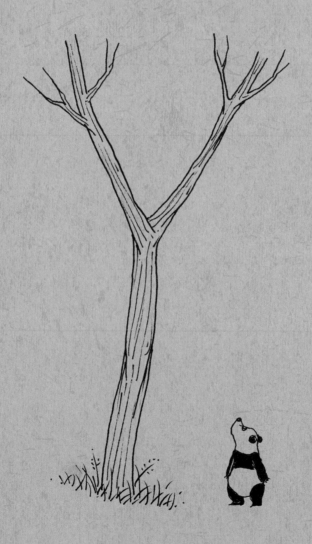

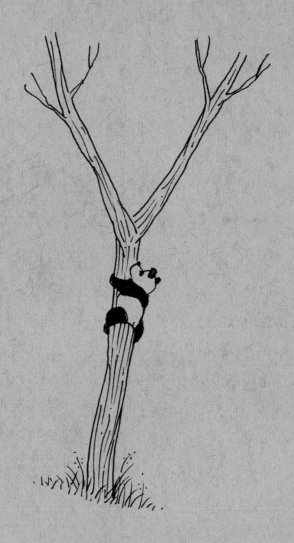

無論現在或未來，
我願時時刻刻成為
無依之人的靠山；
迷途之人的嚮導；
渡海人的船舶；
過河人的橋樑；

遇險者的避風港；
失去光明者的一盞燈；
流離失所者的歸依處；
需要幫助者的僕役。

只要虛空尚存、
眾生仍在的一天，
願我長住於世間，
除卻世界的苦難[3]。

「叩！叩！」

願一切有情眾生，
包括自己和他人，
透過伴隨智慧的愛與慈悲，
找到恆久的快樂。

每一天，我們在世界各地都能看見因人類漠視這個寶貴星球，我們唯一的家園而帶來的毀滅性後果。地球母親正在教訓我們，要我們承擔起人類共同的普世責任（*universal responsiblity*）。我們不能再閉起眼睛，只是消極地祈求大自然受到破壞的程度，不如專家預告的那麼嚴重。我們必須力挽狂瀾，在一切仍為時未晚的時候，一起努力保護這個脆弱的星球。

書中的善良貓熊是一隻面臨重大挑戰的無辜大熊。隨著氣候變遷加劇，我們看見牠的棲息地正在消失，牠的同物種家族也瀕臨滅絕。我們親眼目睹了這些事正在一一發生。然而，我們與貓熊和其他動物最大的差別在於，我們可以做點什麼，對此採取行動。

但願本書能讓所有人的眼界更寬廣、心胸更開闊，特別是年輕人，能去體會善待環境與懷抱慈悲心有多麼重要，因為它是我們生存的寄託。

很高興也很榮幸能與台灣的讀者朋友分享《從心開始：達賴喇嘛與大貓熊的尋覓答案之旅》這部作品。達賴喇嘛尊者希望這本書能「讓所有人的眼界更寬廣、心胸更開闊。」

《從心開始》一書藉由尊者的文字與我的插畫，傳遞出一份關於善盡環保責任與樂觀展望未來的強烈訊息，呼籲我們展開一場慈悲革命，同心協力療癒我們寶貴的星球，以及棲身在這個星球上的所有住民。這是一個攸關生存且切合時代背景的故事，敘述方式溫暖而優雅，每個人都很容易理解。

全球性的氣候危機當前，達賴喇嘛尊者的訊息清楚而明確：如果我們有能力摧毀地球，一定也有能力保護它。《從心開始》一書的文字與圖畫就是為了傳達這樣的訊息而誕生的，它呼籲大家採取行動，鼓勵我們所有人去修復自己與大自然的關係。達賴喇嘛尊者更敦促我們培養更深的仁慈之心與了解，不僅要以此對待人類同胞，更要將此心擴及大大小小的所有眾生。他提醒我們，「我們真的就像一家人，共享一間小房子。」

但願閱讀這本書的你，能對我們的星球重新感受到愛，我們所有人也都能覺醒過來，找到更高層次的生命意義。

謝謝。

派崔克・麥當諾

Patrick McDonnell

作者與繪者簡介

達賴喇嘛尊者
His Holiness the Dalai Lama

達賴喇嘛尊者為藏傳佛教領袖，一九三五年七月六日出生於西藏東部的一個務農家庭，兩歲時經認定為十三世達賴喇嘛的轉世，成為西藏的政治與精神領袖。

達賴喇嘛形容自己為一個普通的佛教僧人。他經常說：「我十六歲失去自由，二十四歲失去國家。」一九五○年，中國共產黨入侵西藏後，他於一九五九年三月逃亡至印度，現今居住在北印度喜馬偕爾邦（Himachal Pradesh）的達蘭薩拉（Dharamsala）。

達賴喇嘛經常在世界各地旅行，散播關於和平與慈悲的訊息，並呼籲人們對這七十億人類居住的地球生起四海一家、人類一體的認知。他於一九八九年獲頒諾貝爾和平獎，以表彰他以非暴力的和平方式對抗中國統治，以及為逆轉氣候變遷所做的努力。

二○一一年，達賴喇嘛將其政治權力移交予民選領袖。

在達賴喇嘛所提倡的普世責任主張中，環境保護是一個非常重要的原則。他強調，每一個人都有責任，為未來世代的子子孫孫留下一個安全的世界。

麥當諾
Patrick McDonnell

麥當諾為深受讀者喜愛的連環漫畫《Mutts》創作者，該作品曾於二十個國家的七百份報紙上連載，橫跨時間長達二十五年。查爾斯·舒茲（Charles Shultz）稱《Mutts》為史上最棒的連環漫畫作品之一。《Mutts》以其對動物保育和環保主題的精彩藝術呈現而獲獎無數。

麥當諾也是數本《紐約時報》暢銷繪本作者，包括《沒有東西送給你》（The Gift of Nothing），以及榮獲凱迪克獎（Caldecott）的《我…有夢》（Me…Jane，珍·古德的童年傳記）。他曾與靈性導師艾克哈特·托勒（Eckhart Tolle）合作出版《生命存在的守護者》（Guardians of Being），亦和詩人魯米的譯者丹尼爾·拉丁斯基（Daniel Ladinsky）合作出版《親愛的，我》（Darling, I love you）。

...

麥當諾想要在此誠摯感謝達賴喇嘛尊者、帕姆·切薩克、丹曲嘉措、次丹桑珠、茱迪斯·柯爾、安娜·博斯坦巴赫、尚恩·達爾、勞勃·麥當諾、亨利·杜諾、史杜·李斯、凱倫·歐康奈爾等人，以及每一個盡自己力量讓世界變成一個對生命更仁慈且更安全之處的人。

註解

譯註1：青海省紅崖村。

譯註2：出自《入行論》，傳統經文譯為「所有世間樂，悉從利他生；一切世間苦，咸由自利成。」

譯註3：出自《入菩薩行論》，傳統經文譯為「乃至有虛空，以及眾生住，願吾住世間，盡除眾生苦。」

引用來源

心|視野 心視野系列 118

從心開始
達賴喇嘛與大貓熊的尋覓答案之旅
HEART TO HEART

作　　　　者	達賴喇嘛 Dalai Lama
繪　　　　者	麥當諾 Patrick McDonnell
譯　　　　者	蔡孟璇
封 面 設 計	萬勝安
內 文 排 版	鄭婷之
責 任 編 輯	洪尚鈴
行 銷 企 劃	蔡雨庭、黃安汝
出版一部總編輯	紀欣怡

出　 版　 者	采實文化事業股份有限公司
業 務 發 行	張世明・林踏欣・林坤蓉・王貞玉
國 際 版 權	鄒欣穎・施維真・王盈潔
印 務 採 購	曾玉霞・謝素琴
會 計 行 政	李韶婉・許俽瑀・張婕莛
法 律 顧 問	第一國際法律事務所　余淑杏律師
電 子 信 箱	acme@acmebook.com.tw
采 實 官 網	www.acmebook.com.tw
采 實 臉 書	www.facebook.com/acmebook01

I　S　B　N	978-626-349-224-0
定　　　 價	450 元
初 版 一 刷	2023 年 6 月
劃 撥 帳 號	50148859
劃 撥 戶 名	采實文化事業股份有限公司
	104 台北市中山區南京東路二段 95 號 9 樓
	電話：(02)2511-9798　傳真：(02)2571-3298

國家圖書館出版品預行編目資料

從心開始：達賴喇嘛與大貓熊的尋覓答案之旅 / 達賴喇嘛 (Dalai Lama) 著；麥當諾 (Patrick
McDonnell) 繪；蔡孟璇譯 . -- 初版 . -- 臺北市：采實文化事業股份有限公司, 2023.06
152 面；17x20.8 公分 . -- (心視野系列；118)
譯自 Heart to heart : a conversation on love and hope for our precious planet
ISBN 978-626-349-224-0(精裝)
1.CST: 佛教社會學 2.CST: 環境保護 3.CST: 繪本

220.15　　　　　　　　　　　　　　　　　　　　　　112002514

采實出版集團
ACME PUBLISHING GROUP